野菜一品から
つくる
50の
レシピ

有賀薫の豚汁レボリューション

家の光協会

豚汁さえあれば 今日のごはんは 大丈夫。

　仕事の合間にふと時間ができると、一人暮らしの息子のことを考えます。ごはん、ちゃんと食べているかな。ごはんを炊いて、みそ汁とちょっとしたおかずぐらいならつくれるはず。でも聞くと最近はどうやら、パスタやうどんが多いらしいのです。仕事で忙しい中、一人暮らしのキッチンと小さな冷蔵庫で、毎日きちんとつくるのはやっぱり難しいみたい。

　豚汁があれば、と思ったのです。もちろん材料をあれこれ買いそろえて几帳面に切ってなんてことが無理なのは百も承知。一人暮らしでも持て余さないぐらいの量をつくれて、肉を食べた満足感もあって、しっかりごはんが進む。そんな楽チンな豚汁があったら、仕事から帰って急い

でつくる夕飯や、リモートワークのお昼ごはんにも重宝するはず。この本で紹介するのは、そんな発想で考えた〝新しい豚汁〟です。

どんなスーパーにも（ときにはコンビニにも！）売っている豚肉と野菜、味つけはみそだけ。だしをとる必要すらありません。それでいて野菜がたっぷりとれて、みその味がじんわりしみたボリューム満点の豚汁ばかりです。

簡単で、おいしく、栄養たっぷり。心も体も満たしてくれる豚汁レシピで、暮らしを整えませんか。明日の元気につながる食卓をみんなでつくっていきましょう。

がんばる豚汁じゃなくて なんとかなる豚汁です

10分でできる
豚汁もあるんです

残りがちな野菜も
片づけられて
暮らしが整う

豚肉のうまみが
あるから、
だしは不要

ごはんにかけても
うどんを入れても
豚汁はパンにだって合う！

お酒の
つまみに豚汁、
これまたイケる

2人分だから
持て余さない

野菜は
一品だって
大丈夫

買い物シンプル　つくり方簡単　洗いものラクラク!

これが
豚汁レボリューション

野菜一品からつくれます！

たっぷりの野菜

大根、にんじん、ごぼうにねぎと、
豚汁野菜を全部そろえなくても大丈夫。
シンプルに一品でも、組み合わせが楽しい二品でも！
好きな野菜がたっぷりとれて
野菜不足も解消できる豚汁ばかりです。

2人分で
だいたい100g

豚薄切り肉

コクとうまみを出す、豚汁の主役。
安いときにたくさん買って、
冷凍ストックすれば、
思い立ったときがつくりどき。
がっつり食べたいときは豚肉増しに！

みそ

豚汁のおいしさは、野菜にじんわりしみた
豚肉のうまみと、なんといってもみその風味。
肉の臭みも消してくれます。
だから全品だしいらずでつくれます。

2人分でだいたい
大さじ2と1/2

大鍋じゃなくて
大丈夫！

この本のほとんどの豚汁は16cmの小鍋と深型フライパン、二つの鍋でつくっています。

Contents

この本の使い方

◎みそは種類によって塩加減が違います。味をみて、塩分が強ければ水を足して調整ください。
◎材料は2人分を基本としています。つくりやすい分量がある場合は明記しています。
◎計量の単位は、大さじ1は15㎖、小さじ1は5㎖、200㎖は1カップです。料理に慣れない人は、計量カップと計量スプーンではかることからはじめましょう。
◎調理時間は目安です。火力や鍋の大きさで変わってくるので、つくりながら調整してください。

「煮る」「炒める」「蒸す」
この本では3つの方法で
野菜たっぷりの豚汁をつくります。
今日の気分に合わせて選んでください。

むずかしいこと
考えたくない日は！

煮るだけ豚汁

忙しかった一日のあとでも
これぐらい簡単ならつくれそう。
ワンウェイレシピの、煮るだけ豚汁。
切った野菜をどんどん鍋へ入れるだけ。
豚肉と一緒に煮て、みそを溶けば完成。
油を使わないレシピも多く
さっぱりとした食べ心地が特長です。

ごはんをがっつり
食べたい日は！

炒める豚汁

弱火～中火ぐらいの火加減で
野菜をじっくり油で炒めてあげると
辛みやえぐみが、水分と一緒に出ていって
野菜本来の甘さ、おいしさが引き立ちます。
このあと水を加えると、野菜が再び水分を含んで
ふっくら煮あがります。
コクのある味で、ごはんにぴったり！

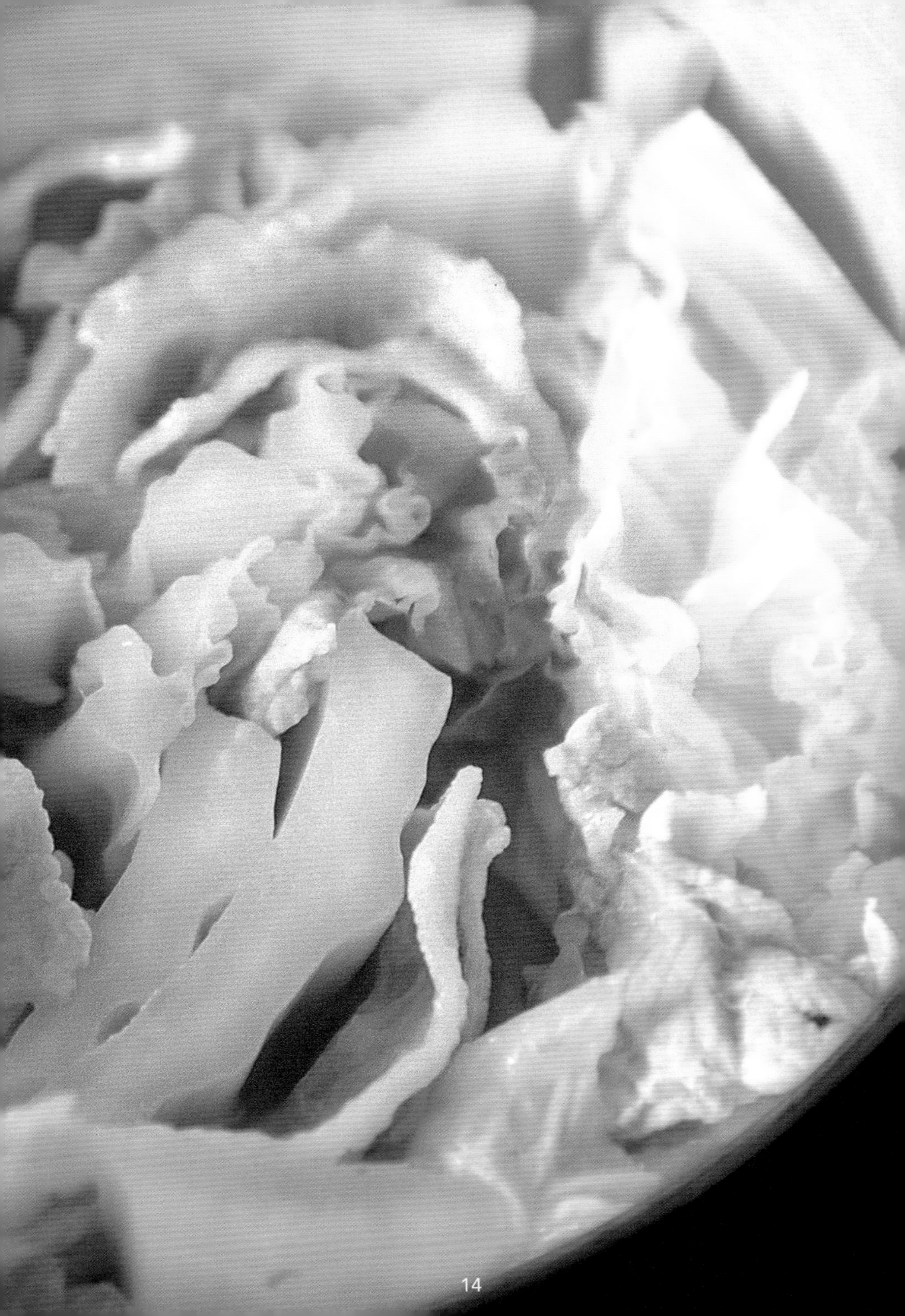

とにかく野菜を
とりたい日は！

蒸す豚汁

鍋いっぱいの野菜もぺろり。
野菜不足を感じたらつくってほしいのが
鍋ひとつで蒸し煮にする豚汁です。
野菜を入れた鍋に水を少しだけ足し、
ふたをきっちりして火にかけるだけ。
蒸すことで煮くずれることもなく
野菜の味が引き立つ豚汁になります。

一品でも豚汁。

忙しい日の救世主

具だくさんじゃないと豚汁じゃない？
いえいえ、野菜一品だけでもれっきとした豚汁です。
むしろ、一品だからこそ野菜の個性が際立って、
食べた！という満足感が生まれるのです。
ちょっとした切り方や加熱のコツで
だしを使わなくても驚くほどおいしくなります。
小松菜1束、にんじん1本、じゃがいも1個……
一品なのに、たっぷり野菜が食べられます。

煮くずれたほくほく感が
たまらない！

じゃがいも豚汁

煮

●材料（2人分）

じゃがいも（中）…3個
豚薄切り肉（バラ）…100g
みそ…大さじ2½

●つくり方

1

じゃがいもは皮をむき、4つに割って水に1～2分さらす。豚肉は5㎝幅に切る。

2

鍋にじゃがいも、水550㎖を入れて中火にかけ、ひと煮立ちしたらみその半量を加える。弱火にし、ふたをして約10分、豚肉を加えてさらに5分煮る。

3

じゃがいもに竹串を刺してスッと通ったら、残りのみそを溶き入れ、再び煮立てて火を止める。

ごろんと大ぶりに切って、肉じゃがみたいなじゃがいものほくほくしたおいしさを味わう豚汁です。男爵やキタアカリがおすすめ

お好みで
■ 粗びき黒こしょう

1本まるごとじっくり炒めて
甘みを引き出します

にんじん しりしりの豚汁

炒

●材料（2人分）

にんじん…1本（200g）
豚薄切り肉（バラ）…100g
サラダ油…大さじ1
みそ…大さじ2
牛乳…大さじ1

●つくり方

1

にんじんはスライサーで千切りにする（包丁で切ってもよい）。豚肉は1cm幅に切る。

2

深型のフライパンにサラダ油を中火で熱し、にんじんを3〜4分、まんべんなく混ぜながらよく炒める。

3

にんじんがしんなりしたら、豚肉と水500mℓを加えて煮る。沸いたらみそを溶き、牛乳を加え、再び煮立てて火を止める。

沖縄の郷土料理を豚汁に。しりしり器を使うと味がしみ込みやすくなります。甘みを引き出すようしっかりと炒めるのがコツです

お好みで
■白ごま

お好みで
■ 練りがらし

● 材料（2人分）

キャベツ…3枚（150g）
（カットキャベツでもOK）
豚薄切り肉（バラ）…150g
みそ…大さじ3

肉を巻いて肉感アップ！
食べごたえあります

キャベツのくるくる豚汁

蒸

● つくり方

1

キャベツを一口大に手でちぎる。豚肉は端からくるくると巻く。

2

鍋にキャベツを入れて、その上に巻き終わりを下にして豚肉を並べる。水100mlを入れ、ふたをして中火で7分蒸し煮にする。途中で様子を見て、水分がなくなっていたら水を少し足す。

3

水500mlを注ぎ、沸いたら弱火にして4〜5分煮る。みそを溶き入れ、再び煮立てて火を止める。

巻いたところに汁がしみて、食べるとじゅわっとしみ出すのがたまりません。カットキャベツを使えば、さらに楽チンですよ！

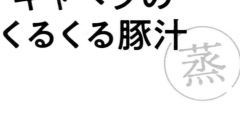

焼いたなすとごま使いのがっつり味

なすのごま豚汁 炒

●つくり方

1 なすはへたをとって縦半分に切ってから、4cm幅に切る。豚肉は5cm幅に切る。

2 深型のフライパンにサラダ油を中火で熱し、なすの皮を下にして並べ入れる。1分ほど焼いたら裏返して1～2分焼く。焼き目がついたら端に寄せ、豚肉も入れて軽く炒める。

3 砂糖、水500mℓを加え、ひと煮立ちしたら火を弱め、さらにふたをして5分ほど煮る。みそを溶き入れ、再び煮立てて火を止め、仕上げにすりごまを加える。

●材料（2人分）

なす…3本
豚薄切り肉（バラ）…100g
サラダ油…大さじ2
砂糖…大さじ½
みそ…大さじ2½
白すりごま…大さじ2

なすのみそ炒めって、ちょっと甘くておいしいですよね。それにならって、砂糖を少し加えました。ごはんが進む、おかず豚汁です

焼き目の香ばしさがアクセント

カリカリ豚のピーマン豚汁 炒

●つくり方

1 ピーマンは縦半分に切り、種ごと使う。豚肉は5㎝幅に切る。

2 深型のフライパンにサラダ油を薄くひいて、豚肉を重ならないように並べる。中火にかけ、脂が落ちてカリカリになるまで両面を焼く。焼きあがったら出た脂をペーパータオルでふきとり、ピーマンを焼き目がつくまで焼く。

3 水450㎖を注ぎ、沸いたらふたをして、3〜4分煮る。みそを溶き入れ、再び煮立てて火を止める。

●材料（2人分）

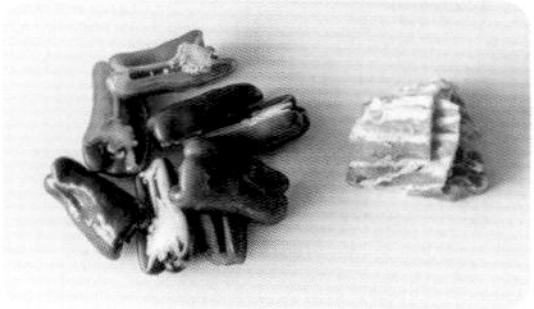

ピーマン…4個
豚薄切り肉（バラ）…100g
サラダ油…小さじ1
みそ…大さじ2½

ピーマンの種って食べてみたらちゃんとおいしい。サッと火を通しても、じっくり煮込んで柔らかいのもどっちもおすすめです

ほろりと煮溶けるやさしい味わい

冷凍かぼちゃの黒ごま豚汁 煮

●つくり方

1 かぼちゃは半解凍して1㎝厚さに、豚肉は5㎝幅に切る。

2 鍋に水500㎖とかぼちゃ、しょうがを入れ、中火にかける。煮立ったら豚肉を加え、半量のみそを加えて弱火にし、かぼちゃが柔らかくなるまでふたをして6〜7分煮る。

3 残りのみそを溶き入れ、再び煮立ったら火を止めて、いりごまを散らす。

●材料（2人分）

冷凍カットかぼちゃ
…6〜7個（200g）
豚薄切り肉（ロース）…100g
しょうが（薄切り）…2枚
みそ…大さじ2
黒いりごま…少々

下ごしらえなしですぐ使えるので、冷凍かぼちゃが断然おすすめ。ほろりと煮溶けたくらいが◎。半解凍で切るとうまく切れます

もちろん、ぶっかけ飯いけます

ゴーヤカレー豚汁 煮

●つくり方

1 ゴーヤはへたを切り落として縦半分に切り、種とわたをスプーンなどでかき出してから1cm厚さに切る。豚肉は5cm幅に切る。

2 鍋にゴーヤと水600mℓ、顆粒だしを入れて中火にかけ、煮立ったら豚肉を加え、弱火でふたをして6〜7分煮る。

3 みそを溶き入れ、カレー粉をふり入れて混ぜ、再び煮立ったら火を止める。

●材料（2人分）

ゴーヤ…1本
豚薄切り肉（バラ）…100g
顆粒だし…小さじ1/3
みそ…大さじ2
カレー粉…小さじ1

ゴーヤの魅力は苦さにあり。これ、苦みを残した味わいです。顆粒だしとカレー粉をちょっとだけ加えてバランスを整えています

さわやかな酸味が
あとを引く

トマトン汁

炒

●材料（2人分）

トマト…2個（400g）
（ミニトマトでもOK）
豚薄切り肉（バラ）…100g
ごま油…大さじ1
みそ…大さじ2½

●つくり方

1

トマトはへたをとって8つ切りにする。豚肉は5cm幅に切る。

2

深型のフライパンにごま油を強火で熱し、豚肉を炒める。肉の色が変わったらトマトを加える。

3

ヘラで押し付けるようにして、トマトを軽くつぶしながら2〜3分炒め、水400mℓを注ぐ。ひと煮立ちしたら、弱火にして5分ほど煮る。みそを溶き入れ、再び煮立てて火を止める。

トマトの酸味をやわらげるのが食べやすく仕上げるコツ。果汁を出すようつぶして、軽く煮詰めるようにしています

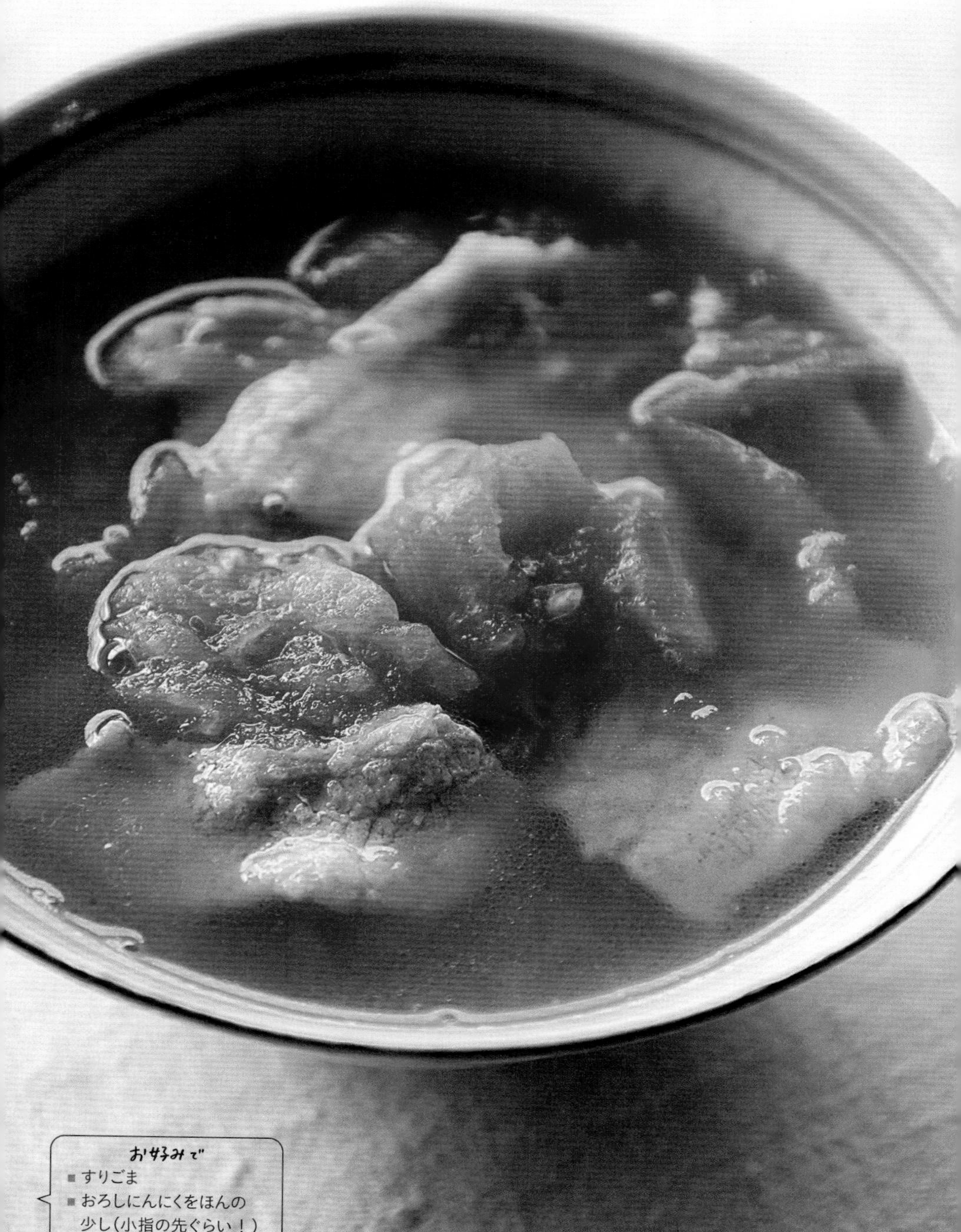

お好みで

- すりごま
- おろしにんにくをほんの少し（小指の先ぐらい！）

野菜不足を感じたときにつくってほしい

小松菜もりもり豚汁 蒸

●つくり方

1 小松菜は根元を中心によく洗い、根を落として、4cm幅に切る。豚肉は3cm幅に切る。

2 鍋に小松菜を茎、葉の順に入れ、ごま油をふる。水100mlを加え、ふたをして中火で3分蒸し煮にしたら豚肉を上に並べ、さらに2分蒸す。

3 水500mlとめんつゆの素を加え、沸いたらみそを溶き入れ、再び煮立てて火を止める。

●材料（2人分）

小松菜…1束（150g）
豚薄切り肉（バラ）…100g
ごま油…小さじ2
めんつゆの素（3倍希釈）
…大さじ½
みそ…大さじ2½

小松菜を先に蒸し煮にして、かさを減らしてからだと楽につくれます。淡泊な野菜なので、めんつゆでうまみと甘みを補っています

ほっこり、しっとりやさしい口当たり

かぶの蒸し豚汁 蒸

●材料（2人分）

かぶ（中）…3個
豚薄切り肉（バラ）…100g
みそ…大さじ2½

●つくり方

1 かぶは葉を落として、皮付きのまま4つ割りにする。葉と茎はひとつかみほど4㎝長さに切る。豚肉は5㎝幅に切る。

2 鍋にかぶと豚肉を入れ、水100㎖を加えてふたをして中火で10分蒸し煮にする。途中で様子を見て、水分がなくなっていたら水を少し足す。

3 かぶに竹串を刺してスッと通ったら水500㎖とかぶの葉と茎を加える。ひと煮立ちしたらみそを溶き入れ、再び煮立てて火を止める。

うっすら脂をまとって、ふっくらしたかぶがいくらでも食べられます。みその半量を白みそにおきかえるとよりやさしい味わいに

食欲がない朝の一杯に

みぞれ大根の豚汁 煮

●つくり方

1 大根は皮をむいてすりおろす。豚肉は5㎝幅に切る。

2 鍋に水400㎖を沸かし、豚肉を加えて3分ほど煮て火を通す。

3 みそを溶いたら、水けを軽く絞った大根おろしを加え、ひと煮立ちさせて火を止める。

●材料（2人分）

大根…10㎝（250g）
豚薄切り肉（バラ）…100g
みそ…大さじ2

大根おろしがたっぷり入ったみぞれ鍋、同じ味がつくれるかもとやってみたら大成功！　加熱しすぎないよう注意を。

おなかも心もぽかぽか温まります

とろろ豚汁 煮

●つくり方

1 長芋を洗い、皮ごとすりおろす。豚肉は2cm幅に切る。

2 鍋に水500mℓを沸かし、豚肉を加えて3分ほど煮て火を通す。

3 すりおろした長芋を加え、弱火で1分ほど加熱して、みそを溶き入れ、再び煮立てて火を止める。

●材料（2人分）

長芋…15cm（200g）
豚薄切り肉（肩ロース）
…80g
みそ…大さじ2

長芋のひげみたいな根は皮ごとサッと火であぶると焼き切れます。口当たりが気になる人は皮をむいてももちろんOKです

くったりしみたみそ味は
酒にもごはんにも

白菜の重ね煮豚汁

蒸

●材料（2人分）

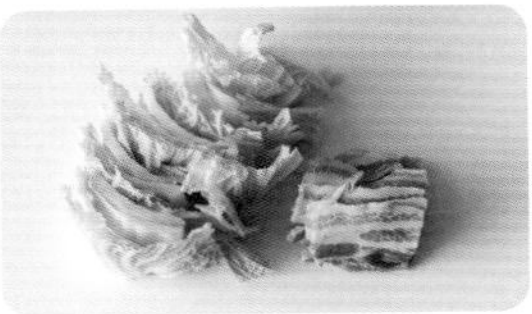

白菜…2〜3枚（250g）
豚薄切り肉（バラ）…100g
しょうが（すりおろし）…小さじ1
みそ…大さじ2½

●つくり方

1

白菜は5㎝幅に、豚肉は6㎝幅に切る。鍋に白菜を立てて入れ、葉の間に豚肉を挟み込む。

2

しょうがのすりおろしを散らして水100mℓを加え、中火にかける。ふたをして7〜8分、蒸し煮にする。途中で様子を見て、水分がなくなっていたら水を少し足す。

3

水500mℓを注ぎ、沸いたら弱火にしてさらに煮込む。白菜が柔らかくなったらみそを溶き入れ、再び煮立てて火を止める。

白菜にはグルタミン酸が多く含まれているので、豚肉との相性が最高。立てて肉を挟むと均等に熱が回ります。冷凍肉のままでも

お好みで
千切りの柚子皮
しょうがの千切り

● 材料（2人分）

ごぼう…⅔〜1本（150g）
豚薄切り肉（バラ）…100g
みそ…大さじ2½
ごま油…大さじ1

ごま油で炒めた
こっくり味は飯どろぼう

ささがきごぼうの豚汁

炒

● つくり方

1

ごぼうはたわしでこすって洗い、ささがきにする。豚肉は5cm幅に切る。

2

深型のフライパンにごま油を中火で熱し、ごぼうを2分ほど炒める。さらに豚肉も入れて色が変わるまで炒める。

3

水500mℓを注ぎ、沸いたら弱火にして5分煮る。みそを溶き入れ、再び煮立てて火を止める。

ごぼうは皮にうまみがあるので、泥付きが理想なんです。水を流しながらたわしや古いスポンジでやさしく洗いましょう

お好みで
- 七味唐辛子
- 山椒
- 柚子こしょう

豚汁にバターってよく合うんです

えのバタ豚汁 蒸

●つくり方

1 えのきだけは石づきを落として2cm幅に切り、軽くほぐす。豚肉は1cm幅に切る。

2 鍋にえのきだけを広げて入れ、豚肉をその上にのせて水100mlを加え、ふたをして中火で5分蒸し煮にする。

3 豚肉の色が変わったら水400mlを注ぐ。沸いたらみそを溶き入れ、再び煮立てて火を止める。器に盛り、バターをひとかけら落とす。

●材料（2人分）

えのきだけ…1袋
豚薄切り肉（バラ）…80g
みそ…大さじ2
バター…5g

シンプルですが、えのきから驚くほどだしが出ます。根元はバラバラにしすぎず、食感をランダムにすると食べごたえが出ますよ

追いラー油で辛さ自由に

豆苗の豆乳豚汁 蒸

●つくり方

1 豆苗は根を落とし、半分に切る。豚肉は5cm幅に切る。

2 鍋に豆苗を広げて入れ、水100mℓを加え、ふたをして中火で5分蒸し煮にする。さらに水350mℓを加えてひと煮立ちさせる。

3 豚肉を加えてサッと煮たらみそを溶き入れ、豆乳を加えて再び温める。

●材料（2人分）

豆苗…1パック
豚薄切り肉（ロース）…100g
みそ…大さじ2½
豆乳…100mℓ

豆苗は案外個性の強い野菜。蒸し煮にして独特のにおいを追い出してから加水を。ロース肉を使ってあっさり仕上げています

お好みで
粗びき黒こしょう
ラー油

●材料（2人分）

れんこん…150g
豚薄切り肉（バラ）…100g
みそ…大さじ2
みりん…大さじ½
サラダ油…大さじ1

あえてランダムに切って
楽しい食感に

たたき れんこんの豚汁

炒

●つくり方

1

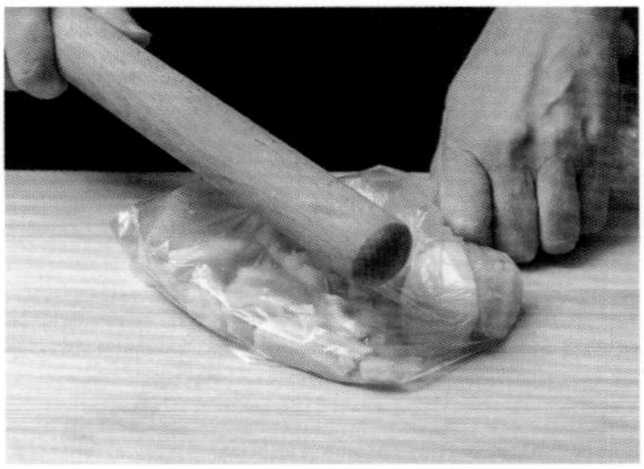

れんこんはよく洗い、縦4等分に切ってからポリ袋に入れ、麺棒などでたたいて一口大に割る。ボウルなどに水を入れてれんこんを入れ、水を1〜2回替えてさらしてからザルに上げ、水けをしっかりふきとる。豚肉は3cm幅に切る。

2

深型のフライパンにサラダ油を中火で熱し、れんこんを炒める。全体に油がなじんできたら豚肉を加え、炒め合わせる。

3

水600mℓ、みその半量、みりんを加え、ふたをして弱火で10分煮る。残りのみそを溶き入れ、再び煮立ったら火を止める。

れんこんは淡泊なので、みりんをちょい足しでごはんが進む豚汁に仕上げています。たたいて不ぞろいな食感をアクセントに！

●材料（2人分）

長ねぎ…1本
（径2cmほどの太めのもの）
豚薄切り肉（バラ）…100g
みそ…大さじ2½
サラダ油…大さじ½

香ばしさがたまらない
ねぎ好きがむせび泣く

焼きねぎ豚汁

炒

●つくり方

1

長ねぎは4cm幅のぶつ切りにする。豚肉は5cm幅に切る。深型のフライパンにサラダ油を中火で熱し、長ねぎを並べる。2分ほど動かさずに焼いて、焼き色がしっかりついたら裏面も焼く。

2

水500mlを注いで、沸いたら豚肉を加える。

3

4〜5分ほど煮てねぎが柔らかくなったらみそを溶き入れ、再び煮立てて火を止める。

焼き目はうまみになります。焼けたなあと思ったところからあと一息、焼いてみてください。驚くほどうまみが出ますよ〜

Q どの肉を買えばいいか、売り場で迷ってしまいます

A まずは豚バラ肉です

この本ではだしを使わないで、豚のうまみと脂のコクでつくる豚汁を紹介しています。だから、豚肉選びは重要です。

豚汁にもっとも向くのは薄切りのバラ肉。バラは脂身が多いためコクがあり、たっぷりの野菜に豚の脂がまとわりつくことで、満足感の高い食べごたえにつながります。そんな理由で、この本では基本的にバラ肉を使っていますが、肉の好みは人それぞれ。もちろん好みの部位を選んでOKです。

肩ロースは、赤身と脂身のバランスがよくジューシーなおいしさ。脂身の少ないロース肉はヘルシー志向の方や肉の脂が苦手な方に。ややコクが足りないと感じたときは、ほんの少し顆粒だしを足しましょう。

食べやすいよう、厚みが均一の薄切り肉を選んでいますが、切り落としを使っても、おいしくつくれます。

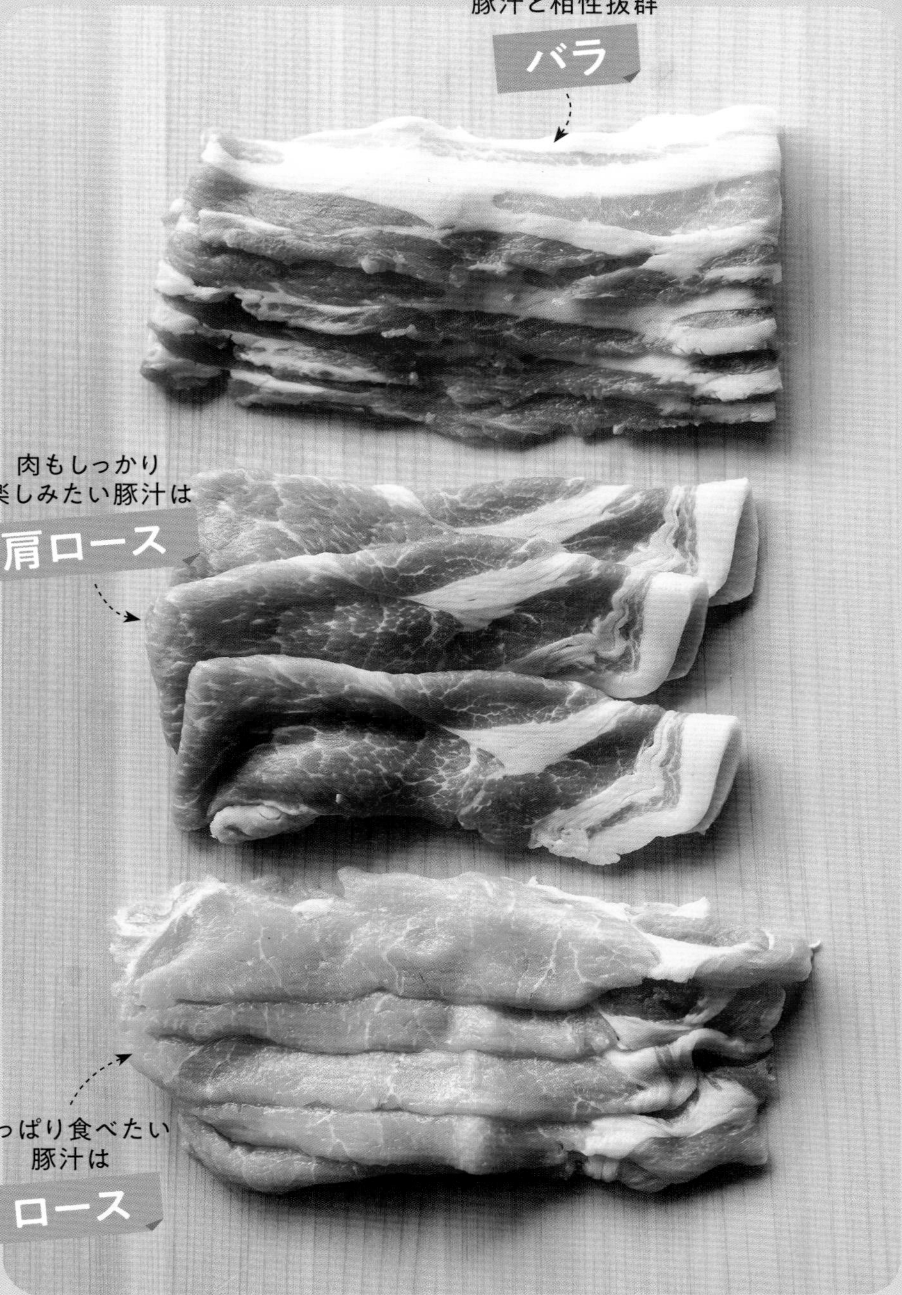
豚汁と相性抜群
バラ
肉もしっかり
楽しみたい豚汁は
肩ロース
さっぱり食べたい
豚汁は
ロース

二品でも豚汁。

バランス最強の組み合わせ

二品豚汁は素材の組み合わせがポイントです。
アスパラとじゃがいも、大根とこんにゃくなど
おいしさが約束された
二品＋豚肉のレシピを紹介します。
おなじみ食材だけでなく
にんにく、めかぶ、キムチなど
思いがけない食材も登場。
組み合わせることで豚汁の味わいが
ちょっとリッチに深まります。

シャキシャキ青菜に
じゅわっとお揚げ

チンゲンサイと油揚げの豚汁

煮

●材料（2人分）

チンゲンサイ…1株（120g）
油揚げ…1枚
豚薄切り肉（肩ロース）
　…100g
みそ…大さじ2½

●つくり方

1

チンゲンサイの葉は2～3等分に、芯の部分は縦6つ割りにする。油揚げは1～2cm幅に、豚肉は5cm幅に切る。

2

鍋に水600mlを入れて中火にかけ、煮立ったら豚肉を加える。肉の色が変わったら、チンゲンサイを加えて5分、油揚げを加えて1分煮る。

3

みそを溶き入れ、再び煮立ったら火を止める。

チンゲンサイは大ぶりに切ったほうがおいしいですよ。油揚げも大きく切って、ボリューム感を一気に上げていきましょう

みそを吸い込んだ大根の
うまいこと！

大根と
こんにゃくの豚汁

炒

●材料（2人分）

大根…10cm（250g）
こんにゃく…½枚（150g）
（あく抜き済みのもの）
豚薄切り肉（バラ）…100g
みそ…大さじ2½
ごま油…大さじ1

●つくり方

1

大根は縦4つに割り、8mm厚さの薄切りにする。こんにゃくは縦半分に切ってから、8mm厚さの薄切りにする。豚肉は5cm幅に切る。

2

深型のフライパンにごま油を中火で熱し、大根を少し焼き色がつくまでしっかり炒める。豚肉を加えて肉の色が変わったら、こんにゃくも加えてさらに炒める。

3

水600mℓを加え、沸いたらみその半量を加え、ふたをして弱火で10〜15分煮る。大根が柔らかくなったら、残りのみそを溶き入れ、再び煮立てて火を止める。

大根とこんにゃくは最強の豚汁食材。食材をたくさん使わなくても、この2種さえあれば、ぐっと豚汁気分が高まります

お好みで
七味唐辛子

お好みで
■ 粗びき黒こしょう

● 材料（2人分）

たまねぎ（中）…1個（180g）
コーン（冷凍または缶詰）
…大さじ山盛り3
豚薄切り肉（バラ）…100g
みそ…大さじ2½
バター…10g

みんな大好き
みそラーメン風

たまねぎコーンの豚汁

蒸

● つくり方

1 たまねぎは皮をむき、縦半分、横半分にしてからざく切りにして、バラバラにする。豚肉は5cm幅に切る。

2 鍋にたまねぎとコーンを入れ、その上に豚肉を広げてから水100mℓを加える。ふたをして、中火で10分蒸し煮にする。途中で様子を見て、水分がなくなっていたら水を少し足す。

3 水400mℓを注ぎ、3～4分煮る。みそを溶き入れ、再び煮立ったらバターを落として火を止める。

どことなくみそラーメンを思わせる雰囲気で、バターを落としたくなりました。少し白みそを足してやさしい味わいにしても

春野菜をたっぷり食べてリフレッシュ

スナップエンドウと新たまねぎの豚汁 煮

つくり方

1 スナップエンドウは筋をとる。たまねぎは皮をむき、⅛のくし形切りにする。豚肉は5㎝幅に切る。

2 鍋にたまねぎ、水500㎖を入れて中火にかけ、ひと煮立ちしたら豚肉を加えて2分、スナップエンドウを入れてさらに4〜5分煮る。

3 みそを溶き入れ、再び煮立ったら火を止める。

材料（2人分）

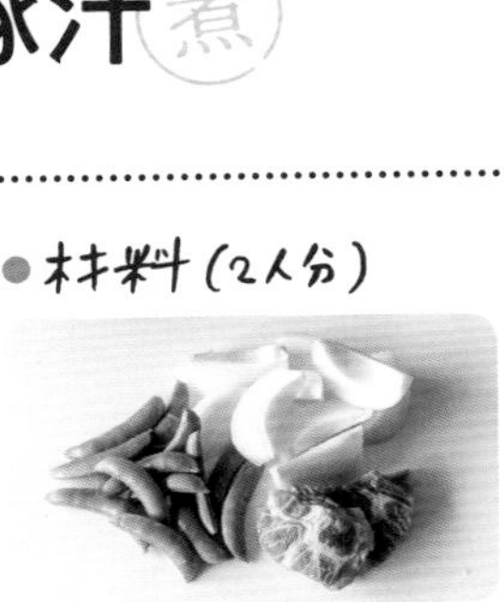

スナップエンドウ…100g
新たまねぎ（中）…1個
（たまねぎでもOK）
豚薄切り肉（肩ロース）…100g
みそ…大さじ2½

春野菜は火入れが浅いほうがおいしいものも多いんです。サッと煮て、ホットサラダ感覚でたっぷり食べましょう

とろ〜りとろける舌ざわりが新感覚

アボカドと豆腐の豚汁 煮

●つくり方

1 アボカドは種をとって皮をむき、食べやすく切る。豆腐は2㎝角に、豚肉は5㎝幅に切る。

2 鍋に水500㎖と顆粒だしを入れて中火にかけ、ひと煮立ちしたら豚肉を加える。肉の色が変わったら、アボカドと豆腐を加えて2〜3分煮る。

3 みそを溶き入れ、再び煮立ったら火を止める。

●材料（2人分）

アボカド（完熟）…1個
木綿豆腐（小）…1丁（150g）
豚薄切り肉（バラ）…100g
顆粒だし…小さじ¼
みそ…大さじ2½

生で食べようと切ったら傷んでいたようなアボカドでもいいくらい。とろける豚汁には完熟ぎりぎりじゃないとだめです

炒めてがっつり
パワーチャージ

冷凍ほうれんそうとにんにくの豚汁

炒

●材料（2人分）

ほうれんそう（冷凍）…150g
にんにく…2片
豚薄切り肉（バラ）…100g
サラダ油…大さじ1
みそ…大さじ2

●つくり方

1

にんにくは薄切りにする。豚肉は5cm幅に切る。深型のフライパンににんにくとサラダ油を入れて弱火にかけ、茶色に色づくまでじっくりと炒める。

2

水500mlを入れて中火にし、ひと煮立ちしたら豚肉を加え、さらに2分煮る。

3

みそを溶き入れ、最後にほうれんそうを冷凍のまま加えて、再び煮立ったら火を止める。

冷凍ほうれんそうってエライ！　すでに火は通っているので最後に冷凍のまま加えるだけでOK。忙しいとき助かります

キャベツを食べ切りたいときに

キャベツとさつま揚げの豚汁 蒸

●つくり方

1 キャベツは1〜2cm幅のざく切りにする。さつま揚げは2cm幅に、豚肉は3cm幅に切る。

2 鍋にキャベツと豚肉を入れて水100mlを加え、ふたをして中火で7分、蒸し煮にする。途中で様子を見て、水分がなくなっていたら水を少し足す。

3 水500mlとさつま揚げを加えて3分ほど煮る。みそを溶き入れ、再び煮立ったら火を止める。

●材料（2人分）

キャベツ…3枚（150g）
さつま揚げ…1枚
豚薄切り肉（肩ロース）…70g
みそ…大さじ2

さつま揚げを使ってうまみを補強。さつま揚げに塩が含まれているので、みその量は味見しながら加減して

サッと火入れするだけ、超クイック豚汁

オクラとめかぶのねばねば豚汁 煮

●つくり方

1 オクラは薄切りにする。豚肉は5㎝幅に切る。

2 鍋に水400㎖を沸かし、豚肉を加えて1〜2分、サッと煮る。

3 オクラ、めかぶを加え、ひと煮立ちさせる。みそを溶き入れ、再び煮立ったら火を止める。

●材料（2人分）

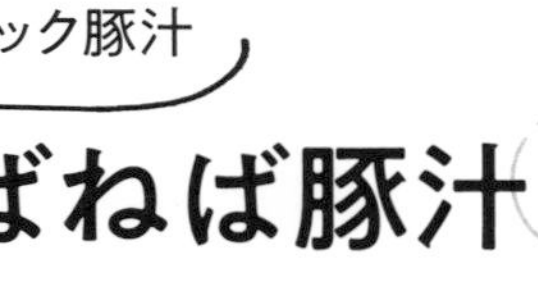

オクラ…8本
めかぶ…1パック（50g）
豚薄切り肉（ロース）…100g
みそ…大さじ2

夏バテで料理をつくる気力がないときにおすすめ。粘り成分は加熱しすぎると栄養効果がなくなるのでサッと煮て

シャキシャキした
食感がクセになります

もやしときくらげの豚汁

煮

材料（2人分）

もやし…1袋
きくらげ（大）…3枚
豚薄切り肉（バラ）…100g
顆粒だし…小さじ¼
みそ…大さじ3
白ごま…少々

つくり方

1

もやしは洗ってザルに上げ、水けをきる。きくらげはぬるま湯に20分ほどつけてもどし、千切りにする。豚肉は細切りにする。

2

鍋にもやし、きくらげ、豚肉、顆粒だしを順に入れて、水500㎖を注ぎ、ふたをして中火にかける。沸騰したら、2分煮る。

3

みそを溶き入れ、再び煮立ったら火を止める。器によそい、白ごまをふる。

具材にうまみが足りない分を顆粒だしで補っていますが、中華の鶏ガラスープの素にすれば、ごはんに合う中華スープ風に

お好みで
■ラー油

お好みで
■ラー油

がっつりチンジャオロースー風

ピーマンとたけのこの豚汁 炒

●つくり方

1 ピーマン、たけのこ、しょうがは千切りにする。豚肉は1cm幅に切る。

2 深型のフライパンにごま油を中火で熱し、豚肉を炒める。肉の色が変わったらピーマン、たけのこ、しょうがも加えて全体に油が回るまで、3分炒める。

3 水500mℓを加え、ふたをして3〜4分煮る。みそを溶き入れ、再び煮立てて火を止める。

●材料（2人分）

ピーマン…3個
たけのこ（水煮）…100g
豚薄切り肉（バラ肉）…100g
しょうが（薄切り）…3枚
みそ…大さじ2½
ごま油…大さじ1

ごはんにかけて、ラー油をちょっとたらしてピリ辛味にすると最高です。シャキッと食感を楽しみたいので加熱しすぎずに

お好みで
■ 柚子こしょう

小鍋仕立てにすれば酒のアテに

水菜としいたけの豚汁 炒

●つくり方

1 水菜は根を落として4cm幅のざく切りにする。しいたけは石づきをとり、軸を落として半分に切る。軸も刻む。豚肉は5cm幅に切る。

2 深型のフライパンにサラダ油を中火で熱し、水菜としいたけを炒める。

3 豚肉を入れて肉の色が変わるまで炒め、水600mℓを加えてふたをする。沸いたらみそを溶き入れ、再び煮立てて火を止める。

●材料（2人分）

水菜…½束（150g）
しいたけ…3〜4枚
豚薄切り肉（バラ）…100g
みそ…大さじ3
サラダ油…小さじ2

水菜はちょっと炒めてから煮ると、食べごたえが出ます。しいたけはうまみと食感担当。軸もおいしいから捨てずに

ビールがぐびぐび、
止まりません

白菜とキムチの豚汁

炒

●材料（2人分）

白菜（内葉）…5～6枚（150g）
キムチ…70g
豚薄切り肉（バラ）…100g
みそ…大さじ1
コチュジャン…小さじ1
ごま油…大さじ½

●つくり方

1

白菜、キムチは1㎝幅ぐらいに、豚肉は4㎝幅に切る。

2

深型のフライパンにごま油を中火で熱し、豚肉と白菜を入れ、2～3分炒める。

3

水500㎖を注ぎ、沸いたらみそを溶き入れる。キムチとコチュジャンを加えたら味をみて、足りなければ、みそを足して味をととのえる。

白菜の内側のところって、柔らかくてクセがなく、汁物にすごく向くんです。繊維を断ち切るように横に切るとくたくたに

ごはんや麺をドボンしたくなります

ピリ辛きのこ豚汁 蒸

●つくり方

1 しめじは石づきをとり、ざっくりと分ける。エリンギは横半分に切ってから手でさく。豚肉は3cm幅に切る。

2 鍋にきのこを入れて水50mℓ、砂糖、コチュジャンを加え、ふたをして中火にかける。2分ほどでふたを開け、しんなりしていたら豚肉をのせてさらに3分蒸し煮にする。

3 水500mℓを注いで、沸いたらみそを溶き入れ、再び煮立ったら火を止める。

●材料（2人分）

しめじ…½パック
エリンギ（大）…1本
豚薄切り肉（ロース）…80g
砂糖…小さじ1
コチュジャン…小さじ1
みそ…大さじ2

きのこはうまみ爆弾。ロース肉を使ってあっさりと、さらに砂糖とコチュジャンをちょっと加えて甘辛味に仕上げています

甘じょっぱさがたまらない

さつまいもと長ねぎの豚汁 煮

●つくり方

1 さつまいもは皮付きのまま2〜3㎝厚さの輪切りにする（太いものは半月切りに）。長ねぎは斜め切りに、豚肉は5㎝幅に切る。

2 鍋に水600㎖とさつまいもを入れて中火にかける。煮立ったら弱火にして、豚肉とみそ大さじ1を加え、ふたをして10分、ねぎを加えてさらに10〜15分煮る。

3 さつまいもに竹串を刺してスッと通ったら、残りのみそを溶き入れ、再び煮立ったら火を止める。

●材料（2人分）

さつまいも（中）…1本（300g）
長ねぎ…½本
豚薄切り肉（バラ）…100g
みそ…大さじ2

さつまいもが口の中でほどける満足感。早く火が通るように薄く切りたくなるところですが、この厚さはゆずれません

● 材料（2人分）

にら…½束（70g）
卵…2個
豚薄切り肉（バラ）…80g
みそ…大さじ2

栄養満点超ラクごはん

にらたま豚汁

煮

● つくり方

1

にらは4cm幅のざく切りにし、豚肉は5cm幅に切る。卵は溶いておく。鍋に水400mlを沸かし、豚肉を加えて3分ほど煮る。

2

みそを溶き入れ、にらを加えてふたをして、ひと煮立ちさせる。

3

溶き卵を少しずつ加え、ふわりと浮き上がってきたら出来上がり。

すぐできるクイック豚汁です。箸でにらをちょっと寄せて、スペースめがけて卵を少しずつ入れるとふわりと仕上がりますよ

おこのみで
■こしょう

●材料(2人分)

グリーンアスパラガス
…1束(150g)
じゃがいも…1個
豚薄切り肉(肩ロース)…100g
みそ…大さじ2
牛乳…50mℓ

腹ペコの深夜飯に◎

アスパラとじゃがいものミルク豚汁

蒸

●つくり方

1

アスパラガスは斜め4等分に、じゃがいもは8㎜厚さの輪切りにする。豚肉は5㎝幅に切る。鍋にじゃがいもを入れ、豚肉をのせて、水100mℓを加える。ふたをして中火で6～7分蒸し煮にする。

2

アスパラガスを加え、さらに3分蒸し煮にする。

3

水400mℓを注ぎ、じゃがいもが柔らかくなったらみそを溶き入れる。牛乳を加えて再び煮立ったら火を止める。

くたっと煮た柔らかいアスパラのおいしさってありますよね。ミルクみそ仕立てにして、ちょっとホッとする味わいに

Q 安売りで買った薄切り肉をストックしておきたい

A 薄くのばして冷凍すればいつでも豚汁！

薄切り肉は、大きなパックでお買い得になっていることも多いですよね。ぜひ小分けで冷凍してください！　あとは野菜が1種類あれば、いつでも豚汁がつくれます。

パックから取り出し、折りたたんである肉を広げた状態にしてから、ラップでぴっちりと包んで冷凍すると便利。こうしておけば、使うときに冷凍庫から出して5分おくだけで調理ばさみで簡単に切れます。完全に解凍しなくても、ラップをはがしてそのまま鍋に入れても使えます。

切ってからポリ袋に入れて冷凍庫に常備しておくと、思い立ったらすぐに豚汁がつくれるので、忙しいときに助かります。使い残しの豚肉はどんどん冷凍してしまいましょう。

2
ぴっちりと
ラップで包み、
冷凍庫へ！

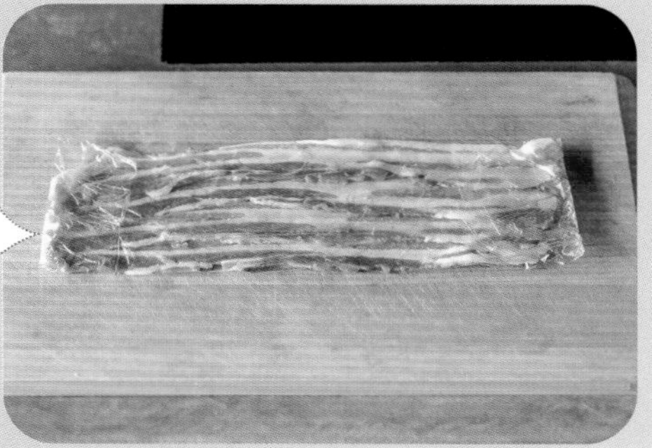

3
冷凍
できた！

4
解凍して
5分たったら
はさみで
ちょっきん

ぶっかけ飯の幸せ

残った豚汁をごはんにぶっかける。
汁がじんわりしみわたったごはんを
ワシワシとかきこむ快楽。
ごはんに汁をかけるか、
汁にごはんを入れるか。
それぞれ、ご自由に。
家ごはんならではの幸せです。

→ p.62　ピーマンとたけのこの豚汁

深夜のイケ麺

真夜中におなかがすいたら、鍋に残った豚汁に
迷わずうどんを入れましょう。
冷凍麺で十分、凍ったまま豚汁の鍋にぽちゃん。
刻んだねぎをオン、煮えるころには
豚汁がうまい具合にしみてます。
ふーふーいって食べたら、
おなかの中からあったまって、心も満足。

→ p.50　大根とこんにゃくの豚汁

豚汁と卵の おいしい関係

栄養も満点のパーフェクトな朝ごは
「すべてのものは卵を落とすとおいしくなる」
という真理にもとづいて、卵を、ぽとん。
半熟状態で火を止めましょう。
しっかり食べたら心も充実。
今日も一日、元気でいってらっしゃい！

→ p.28　トマトン汁

パンだって豚汁

実は豚汁、パンにも合うんです。
野菜がぎゅうぎゅうに入った
スープジャーの豚汁に
パンをひとつくらい。
腹八分目ぐらいがちょうどいい。
ヘルシーで、午後の会議でも
眠くなりにくい、最強の昼ごはんです。

→ p.70　アスパラとじゃがいものミルク豚汁

豚汁はつまみです

豚汁で、ひとり飲み、ふたり飲み。
このスローな家飲みスタイルを
全のんべえに向けて発信します。
具をつまみながら、一杯。
焼酎や日本酒はもちろん、
赤ワインなんかもいける。
汁を少しおなかに入れることで
悪酔いも防いでくれる、
なんていう利点もあります。
くれぐれも、飲みすぎにだけは
気をつけてくださいね。

→ p.42　焼きねぎ豚汁

2人で豚汁

週末は豚汁に豆腐を入れて鍋仕立てに。
鍋をつついて、ふたり飲みも愉しいもの。
ごはんを食べたい人も、お酒の人も、
それぞれが好きなように好きなだけ。
そんな気ままさも、豚汁ならでは。
七味唐辛子や柚子こしょう、柑橘類など、
薬味使いで杯が進みます。

→ p.34　白菜の重ね煮豚汁

Q 七味のほかに、豚汁にベストな薬味はありますか？

A 薬味使いで、豚汁は変わります

一口食べて薬味をオンすれば、また別の味わいに変化する豚汁。定番の七味唐辛子のほか、楽しい薬味使いを覚えましょう。

コツは役割をはっきりさせること。薬味には、①香りを加える②うまみやコクを足す③辛みを効かせる④彩りを添える、という４つの効果があります。薬味使いを知ったうえで、お好みでカスタマイズすると、豚汁づくりが楽しくなりますよ。

この本では、それぞれのレシピに合う、私のおすすめの薬味を紹介しています。味見をして、これを足したいなと思ったら、「お好みで」を参考にぜひ試してみてください。

辛み を足したい

- 一味唐辛子
- 黒こしょう
- 山椒
- 練りがらし
- 柚子こしょう

香り を足したい

- 柚子、みょうが、長ねぎ、たまねぎの薄切り
- ピーマンのみじん切り
- 刻みのり
- カレー粉
- おろしにんにく

色味 を足したい

- 七味唐辛子
- 一味唐辛子
- 柚子皮
- 練りがらし
- 青ねぎのみじん切り

コク を足したい

- ごま油
- オリーブ油
- バター
- ラー油
- 青のり
- ポテトチップス
- いりごま
- すりごま

ピーマンの
みじん切りを
オン！

もう余らせない！

フードロス豚汁

豚汁の懐の深さが地球を救う！　冷蔵庫に余った野菜をよみがえらせ、
新しい味との出合いをつくってくれるフードロス解消のアイデア豚汁です。

冷蔵庫に残りがちな
香味野菜で

薬味豚汁

ちょっとだけ使って、余らせてしまう香味野菜。冷蔵庫でダメになる前に、こんな豚汁で救済を！　素うどんならぬ「素豚汁」をつくって、刻んだ薬味を加えるだけ。薬味は上品にパラパラ……ではなく、思い切り使いましょう。苦みや辛みが気になるなら、鍋に入れてすぐに火を止め、余熱で火を入れます。また、おなじみの野菜の薬味使いもよいもの。意外ですが、ピーマンのみじん切りやさらしたまねぎもクセになるおいしさです。

素豚汁に薬味を山盛り

材料は2人分。パセリ（上）、みょうが（中央）、青ねぎ（下）のほか、三つ葉、パクチーなど、香味野菜が余ったら、なるべく細かく刻む。鍋に水400mℓを沸かし、1cm幅に切った豚肉100gを加えてひと煮立ちさせる。みそ大さじ2と顆粒だし小さじ¼を加えて「素豚汁」をつくる。器によそい、刻んだ薬味をひとつかみ、たっぷりと盛る。七味唐辛子、おろししょうが、柚子こしょうをお好みで。

旬の野菜を
余すことなく食べつくす

ハンパ豚汁

盛りの野菜は、ついついたくさん買い込んでしまい、ハンパに余らせがち。同じ季節に旬を迎える野菜同士は相性がよいので、具だくさんの豚汁にするとフードロスの解決策に。夏野菜では、トマト、なす、ズッキーニ、枝豆、とうもろこしなどが組み合わせやすく、みょうがやゴーヤなど、香りや苦みの強い野菜は避けるのが無難。さらにオクラやモロヘイヤなど、粘りが出る野菜は最後に入れる工夫を。

旬の野菜同士は相性よし

今回使った夏野菜は2〜3人分で、なす1本、ピーマン½個、ミニトマト3個、オクラ2本、かぼちゃ70g、さやいんげん2本とたっぷり！ 食べやすい大きさに切り、鍋にオリーブ油を中火で熱し、4㎝幅に切った豚肉100gを炒めてから、オクラ以外の野菜をすべて加える。しっかり炒めてから水500mℓを注ぎ、ひと煮立ちしたらみそ大さじ1を加えて、10分ほど弱火で煮る。最後にオクラを加えて、みそ大さじ2を溶き入れたらオリーブ油をお好みで。八丁みそを少し足してブレンドするとパンチが出て◎。

野菜の皮で

皮豚汁

にんじんや大根、れんこん、かぶなどの皮……。これを捨てるのはもったいない！　野菜の皮を集めてザルに並べ、室内でセミドライくらいの半干し状態にするとおいしく食べられます。干すとうまみがぐっと凝縮するのですが、さらにごま油でしっかりと炒めてから煮ると、コクが増し、うまみがさらに深くなります。焼き肉用の肉など、厚みと脂のある肉にも負けません。野菜の量が足りなければ、顆粒だしを使ってうまみを補いましょう。

野菜の皮からもだしが出ます

野菜の皮、へたや葉、きのこは石づきを除いてさき、ザルに広げて半日～1日陰干しして、干し野菜をつくる。スペースがなければ室内で干してもOK。ひとつかみで2人分。これを食べやすい大きさに刻む。鍋にごま油を中火で熱し、干し野菜を3～4分炒める。細切りにした焼き肉用の豚バラ肉80gを加えて炒め合わせ、水500mℓを注ぐ。沸いたら、みそ大さじ1を加えて弱火で5分。仕上げにみそ大さじ1½を溶き入れたら完成。レモン、かぼす、柚子などをお好みで搾って。

Q 豚汁向きのみそってありますか？

A いつも使っているみそでOKです

米みそ、麦みそ、白みそ……、みそ売り場に行くとずらりと並んでいて、迷ってしまいますね。

基本は食べ慣れた1種類でOK。私の定番は米みそ。買うたびに替えるよりも、同じものを使ったほうが味が安定します。具材と合わないものが出てくるので、できればだし入りでないものを。

違うタイプのみそを使ってみたいけれど使い残してしまう……という方には、私がやっている方法がおすすめ。普段使いのみそを少し使ったら、そのスペースに使い残した白みそや、八丁みそなどを少しずつ足してひとまとめに。気分や具材に合わせてブレンドすると、豚汁の味わいに変化がつきますよ。

白みそブレンド
キャベツやかぶ、にんじんなど、
やさしい味の野菜に

■

熟成みそや
八丁みそブレンド
なすやごぼうなどの
クセや個性のある野菜に

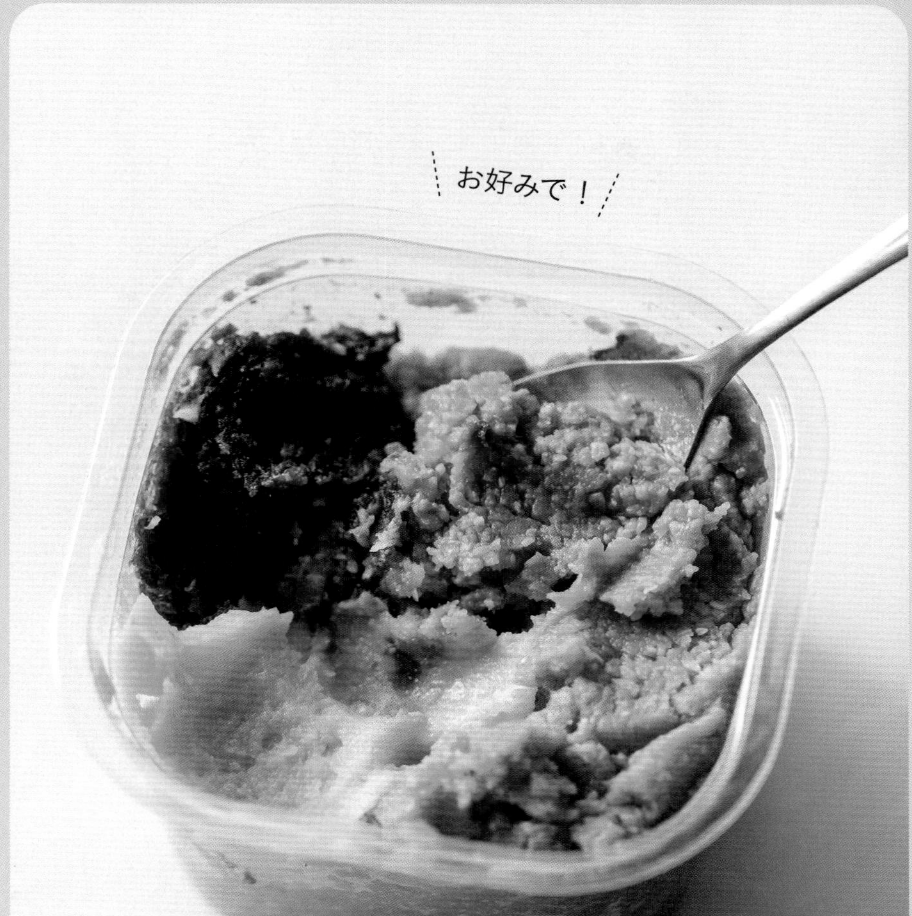

みその種類を知ろう

みそはすりつぶした大豆、塩、麹を混ぜて樽に入れ、熟成させてつくります。みその味わいの違いは、この麹の種類の違いによるものです。米麹を使った米みそ、麦麹を使った麦みそ（主に九州）、豆麹を使った豆みそ（主に東海）があります。米みそや麦みそは熟成の進み具合によって白みそ、赤みそとなります。

これも豚汁。

塊肉にスペアリブ、ベーコンだって！

気取らず、具だくさんで、おなかと心を満たしてくれる。
私たちの知っている豚汁の魅力はそのままに
新しい世界が広がりました。
塊の肉やスペアリブ、厚切り肉、ひき肉、
はたまたスパムやベーコンまで。
一品、二品の豚汁にちょっと飽きてしまったという人に
ぜひお試しいただきたい、豚汁ニューワールドです。

［ 塊肉にかぶりつく喜びがあります ］

ポトフ豚汁

●つくり方

1 豚肉は塩と黒こしょうを軽くふり、3〜4等分に切り分ける。たまねぎは粗いみじん切りにする。さやいんげんは長さ5㎝に切り、ゆでておく。

2 鍋に塊肉と野菜くずを入れ、水1ℓを加えて中火にかける。沸いたらあくをすくってから弱火にし、ふたをずらしてかけて30分煮込む。

3 野菜くずを取り出して、たまねぎとみそ大さじ1を加えてさらに10分煮る。最後にさやいんげんを入れて3分煮る。

4 味をみながら残りのみそを溶き入れ、再び煮立ったら火を止める。

●材料（3〜4人分）

豚肩ロース肉（塊）…400g
たまねぎ…1個
さやいんげん…10本
野菜くず（たまねぎや長ねぎ、にんじん、にんにくなど）…適宜
塩、粗びき黒こしょう…各少々
みそ…大さじ3〜4

肉 point

野菜くずと一緒に、ときどきポコッと沸くくらいの弱火でゆっくりと煮込むと澄んだ汁に。野菜の皮やへた、長ねぎの青いところなども捨てずに無駄なく。しょうがやセロリなどは香りが残るので、あまり向きません。

私のポトフは、まず肉を煮てから野菜を入れる方式。素材をひとつずつ調理して、野菜の歯ざわりや風味を残しています

お好みで
■ 粗びき黒こしょう

［ 手づかみでワシワシ豪快に食べよう ］

スペアリブと とうもろこしの豚汁

●つくり方

1 鍋にスペアリブを入れ、たっぷりの水を注ぎ、強火にかける。沸騰してあくが出たらザルに上げて湯をきり、サッと水で洗う。とうもろこしは3～4㎝幅のぶつ切りにする。

2 鍋に下ゆでしたスペアリブ、とうもろこし、水1ℓを入れて中火にかける。沸いたら弱火にして、ふたをずらしてかけ、40分煮込む。

3 味をみながらみそを加え、さらに10分ほど煮る。しょうゆと砂糖を混ぜたたれをつくり、スペアリブはたれをつけて食べる。

●材料（2～3人分）

豚スペアリブ…400g
とうもろこし…1本
みそ…大さじ3～4
しょうゆ、砂糖…各少々

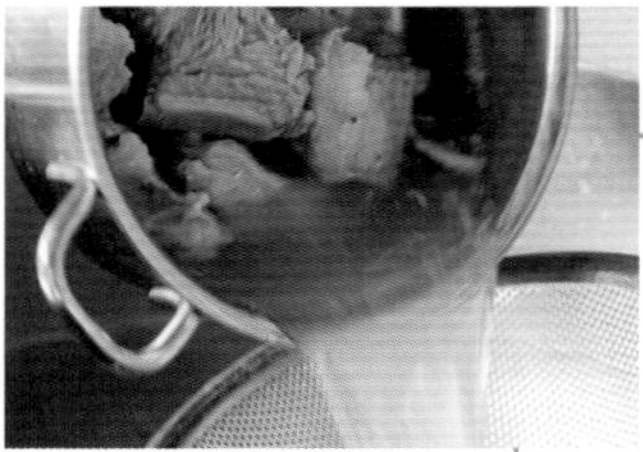

肉 point

とうもろこしの甘みと香りがうつったクリアな味わいがおいしさなので、スペアリブはゆでたあとに水で洗います。このひと手間で、面倒なあくとりが楽に！

スペアリブととうもろこしを塩で煮た台湾のスープをアレンジ。みそ味がしみ込みにくいので、肉はたれをつけながらどうぞ

お好みで
■ オリーブ油

［厚切り肉なのに軽やかな食べ心地］

塩ヨーグルト豚と夏野菜の豚汁

●つくり方

1 豚肉は1.5㎝厚さに切る。密閉容器にヨーグルトと塩を混ぜて、豚肉を一晩漬けておく。なすはへたをとり、1.5㎝厚さの輪切りにする。ミニトマトは半分に切る。

2 豚肉についたヨーグルトをペーパータオルでふきとる。深型のフライパンにサラダ油少々（分量外）を入れて中火にかけ、豚肉の両面に焼き目がつくまで焼く。ここで火は完全に通らなくてOK。

3 水1ℓを加えて煮立て、あくをすくってから弱火にし、ミニトマトとみそ大さじ1を加えて、ふたをして20分煮る。

4 なすを加えてさらに15分、柔らかくなるまで煮る。残りのみそを味をみながら溶き入れ、再び煮立ったら火を止める。

●材料（2〜3人分）

豚バラ肉（塊）…300g
（焼き肉用の厚切りでもよい）
プレーンヨーグルト（無糖）
…1カップ
塩…小さじ½
なす…2本
ミニトマト…5〜6個
みそ…大さじ3

肉 point

ヨーグルトに肉を漬け込むと、肉が柔らかく、臭みもなくなるうえ、塩を混ぜてあるので下味もついて一石二鳥！ カレーやシチューをつくるときにも使えるワザです。

ヨーグルトに漬けておくと、しっとりと柔らかく、食べ心地がアップ。夏バテ気味なときこそ、豚汁でがっつりいきましょう！

[パクチストはのせ放題でどうぞ]

エスニック豚汁

●つくり方

1 セロリは斜め薄切りにする。パクチーは根を切って、2cm長さに切る。

2 鍋に水500mℓとごま油、セロリ、パクチーの根を入れて中火にかけ、沸いたら1〜2分煮て、みそを溶き入れる。

3 豚肉を1枚ずつ広げて加え、肉に火が通ったらナンプラーで味をととのえて火を止める。器に盛り、ざく切りのパクチーをたっぷりのせる。

●材料（2人分）

豚薄切り肉（しゃぶしゃぶ用）
…100g
セロリ…1本
パクチー…2株
みそ…大さじ2
ナンプラー…小さじ1
ごま油…小さじ1

肉 point

しゃぶしゃぶ用の肉は煮すぎると固くなってしまうので、みそを溶き入れたあとにサッと煮ます。パクチーの根っこはいいだしが出るのでついていたら捨てないで！

しゃぶしゃぶを豚汁にできないかと、ふと思いついた一品。セロリやパクチーの香りの移った汁ごと食べる、鍋感覚の豚汁です

お好みで

- 七味唐辛子
- 三つ葉のみじん切り

［いつもの具材も切り方を変えれば、
味わいも変わる！］

コロコロ豚汁

●つくり方

1 豚肉は1㎝角に切る。大根、にんじんは皮をむいて1㎝角に切る。ごぼうはたわしで洗い、1㎝幅に切る。しらたきはザクザク刻む。

2 深型のフライパンにサラダ油を中火で熱し、野菜を3分ほどしっかり炒め、豚肉としらたきを加えて水700㎖を注ぐ。沸いたらみそ大さじ2を加えて火を弱め、15分煮る。

3 野菜が柔らかくなったら、残りのみそを溶き入れて、再び煮立ったら火を止める。

●材料（2人分）

豚ロース肉（厚切り）
…1枚（100g）
大根…5㎝
にんじん…⅓本
ごぼう…½本
しらたき…100g
（あく抜き済みのもの）
みそ…大さじ3
サラダ油…大さじ1

肉 point

とんカツ用などの厚切り肉をコロコロに切って、それに合わせて野菜も同じサイズに。全部の具が一緒に口に入るように、しらたきも刻みましょう。

ごぼうのコロコロ切り。香り、歯ごたえ、ほくほく感が出て、実はこれがベストな切り方なんじゃないかと、密かに思っています

ポテトチップス入りの豚汁です

じゃがべー汁

●材料（1人分）

ベーコン…1枚
ポテトチップス…ひとつかみ
みそ…小さじ2
青ねぎ（小口切り）…大さじ1

●つくり方

1 ベーコンは2㎝幅に切る。

2 フライパンでベーコンをカリカリに焼いて、脂をペーパータオルで吸いとる。水200㎖を注ぎ、沸いたらみそを溶き入れる。

3 カップにポテトチップスを大きくくだいて入れ、**2**を注ぎ、青ねぎを散らす。

肉 point

ベーコンはカリカリに焼いて香ばしさをプラス。さらにポテトチップスのほどよい塩味と油が溶け出して、ジャンキーだけどちゃんとおいしいインスタント豚汁の出来上がり！

私史上大発見のポテトチップス入りスープ。汁がしみるとまるで乾物みたいにじゃがいもに戻る。みそ味でもいけます

［ 甘みやさしく、どこかなつかしい一杯です ］

キャベツと卵焼きのスパム豚汁

●つくり方

1 スパムは1㎝角の棒状に切る。キャベツは細切りにする。

2 鍋に水500㎖とスパムを入れて中火にかけ、沸いたらキャベツを入れて、5分ほど煮る。

3 味をみながらみそを溶き入れ、卵焼きを加えて温める。

●材料（2人分）

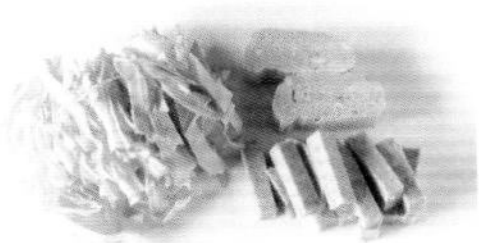

スパム…2㎝（100g）
キャベツの葉…2枚（100g）
卵焼き…2切れ
（お総菜でOK。甘い卵焼きを）
みそ…大さじ1½

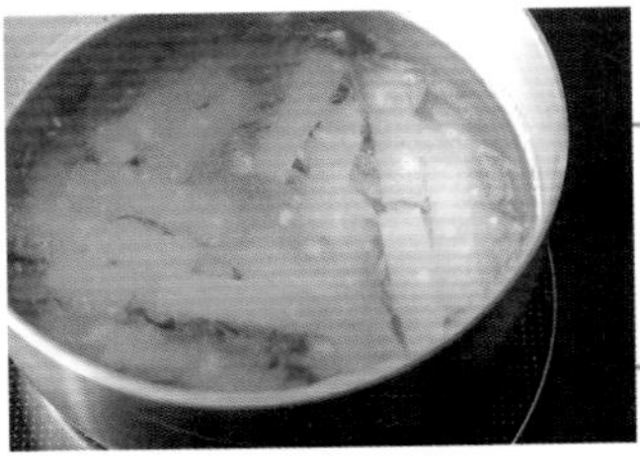

肉point

スパムには塩分があるので、みそは控えめに。沸いたらすぐにキャベツを投入。

缶詰のスパムと、お総菜の卵焼きを使ったクイック豚汁です。汁を吸った卵焼きがアクセントになって、不思議なおいしさ！

お好みで
千切りの柚子皮

[おなかほっこり、ぽかぽかしてきます]

里芋のそぼろ豚汁

●つくり方

1 里芋は皮をむき、1cm厚さの輪切りにして水にさらす。長ねぎは1cm幅の斜め切りにする。

2 鍋にひき肉を入れて水200mℓを加え、箸で混ぜてひき肉をほぐしながら火にかける。肉の表面が白っぽくなったらザルに上げて水けをきる。

3 鍋に里芋と水600mℓを入れて中火にかける。沸騰したらあくをすくい、火を弱めて長ねぎ、ひき肉とみそ大さじ1を加え、ふたをして10分煮る。

4 里芋が柔らかくなったら、残りのみそを溶き入れ、再び煮立ったら火を止める。

●材料(2人分)

豚ひき肉…80g
里芋…6〜8個(300g)
長ねぎ…½本
みそ…大さじ2½

肉point

ひき肉にいきなり熱を加えると塊ができてしまうので、まずサッとゆでます。肉のまわりが白っぽくなってあくが出てきたら、一気にザルに上げましょう。

ひき肉はサッと洗い流したら、さらに雑味がとれてすっきり。里芋はやさしい味わいなので、白みそでつくってもおいしいですよ

［コロンと丸めた団子でボリューム満点］

肉団子と大根の豚汁

●つくり方

1 ひき肉に塩を加え、粘りが出るまで手で練り混ぜる。しょうがのすりおろしとサラダ油、水大さじ1を混ぜてよくこねて、肉団子のたねをつくる。大根としいたけは7㎜角に切る。

2 鍋に水600㎖を沸かす。肉団子のたねをスプーンですくって落とし入れる。表面の色が変わったら、大根としいたけも加える。再度沸いたらふたをして、弱火で10分ほど煮る。

3 みそを溶き入れ、再び煮立ったら火を止める。

●材料（2人分）

豚ひき肉…200g
塩…小さじ⅓
しょうが（すりおろし）
…小さじ½
サラダ油…小さじ1
大根…5㎝
しいたけ…3枚
みそ…大さじ2½

肉 point

ひき肉と塩を合わせ、粘りが出るまで手でしっかりと混ぜるのがコツ。そうすると、つなぎを入れなくても割れずに、ぷりっとした肉団子に仕上がります。

肉団子で豚汁をつくると、いつもの具材なのに食べごたえがアップ。団子のぷりぷり感を引き立てるよう、野菜は細かく刻みます

お好みで
- すりおろした柚子皮

Q 豚汁とごはん。あと一品が知りたい！

A 野菜の塩もみがあればパーフェクト！

豚汁とごはん。そこにちょっとももう一品があるだけで、さらに食が進みます。漬け物ほどしょっぱくなく、サラダ感覚で無限に食べられる「キャベツときゅうりの塩もみ」をつく

りましょう。
しょうがの香りと、ほんのちょっと加える酢があとひきポイントです。キャベツを白菜に替えてもいいですし、にんじんやなすの薄切りを加えてもおいしい。つくって2日ぐらいは冷蔵庫で持ちます。
簡単だけど、ひとつだけコツがあります。野菜から出た水はしっかり絞りましょう。

材料

キャベツ…3枚
きゅうり…1本
塩…小さじ½
酢…小さじ1
しょうが（すりおろし）…小さじ1

つくり方

1. キャベツは手でちぎる。きゅうりは5㎜厚さの輪切りにする。
2. ポリ袋に野菜を入れ、塩、酢、しょうがを加える。袋の口を手で持って振り、全体に味をいきわたらせてから、袋の上からよくもみ込むようにして、味をなじませる。
3. 半日ほど（6時間）冷蔵庫に入れておく。食べる直前に冷蔵庫から出し、袋の底の端をハサミで切って小さな穴をあけ、袋ごとギュッと絞って水を出す。

野菜の塩もみができた！

2日目も、
3日目もおいしい

日曜豚汁

母に教わり、私の手が覚えている豚汁を
最後にご紹介したいと思います。
具だくさんの、時間もかかる豚汁ですが
忙しい日々の中だからこそ
つくることでほっと心がゆるむ
ともだちみたいな存在です。
日曜日にのんびりつくりましょう。

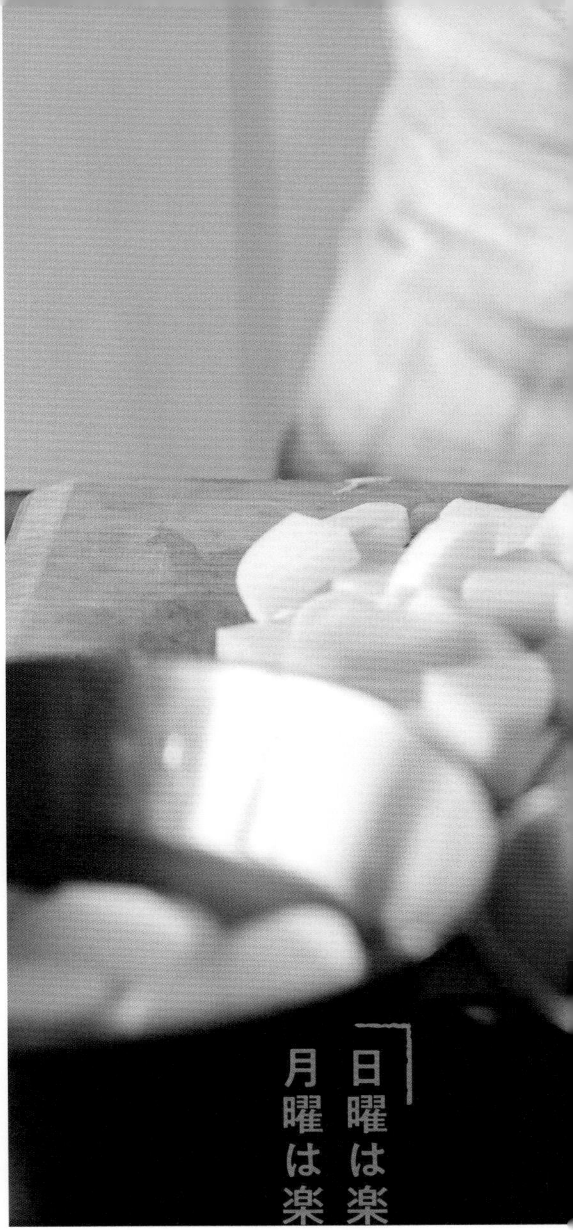

「日曜は楽しくて月曜は楽できる」

「家庭料理は、楽であり、楽しくもあれ」といつも思っています。楽でなくては続かない。でも、楽しみがなければ、これもやっぱり長続きしない。ふたつの「楽」がそろうのが、この日曜豚汁。豚汁、と聞いたときにみんながすぐ思い浮かべるような、ザ・豚汁のレシピです。

根菜をサクサク切る、こんにゃくをちぎる、炒める。手間はかかりますが、ひとつずつ積み上げていく作業も、時間のある日曜なら楽しいものだと思えるでしょう。

鍋いっぱいにつくって食べて、残ったら翌日煮返してまた食べて。少し煮詰まった2日目の豚汁は、つくりたてよりおいしいぐらい。刻みねぎを散らしたり、こしょうで変化をつけたりして、最後まで食べ切ります。何より、何もしなくていい月曜って、とても気楽ですよね。

日曜豚汁 その①

食べごたえを意識して具材を切る

小さくても大きくても、サイズがだいたい同じだと、煮え加減がそろっておいしいです。大きければダイナミックな感じ、小さければ繊細で上品な豚汁になります。ここでは、お椀の中にうまくおさまって、食べごたえのある豚汁に仕上がる野菜の切り方を紹介します。

材料は4人分。食べるときにどのぐらいの大きさが食べやすいかな、と想像しながら切るとうまくいきます。

≫里芋

皮をむいた4個を1.5〜2㎝厚さの輪切りにしたら、ボウルの水にさらします。一度水を替えてぬめりをとって、煮ているときに噴きこぼれたり、汁に粘りが出るのを防ぎます。

≫長ねぎ

長ねぎが入ると、うまみの層が増えます。火が通りやすいよう、½本を斜め薄切りにして、最後に入れます。食べたときの食感を残すためです。でも、煮返してねぎがくたっとなったものもおいしいですよね。二度楽しめるというわけです。

≫大根とにんじん

大根10㎝はいちょう切りに、にんじん½本は半月切りにすると、バランスがとれて火の通りが均一になります。ちょうど食べ心地がいい、8㎜くらいの厚さにそろえましょう。

≫ごぼう

味がしみやすいささがきにします。ごぼう½本を回しながら、そぐように切っていきましょう。5〜6㎜の斜め切りに切り方を変えると、食べごたえが出ます。

≫豚肉

4人分で100g。これだけ野菜が入ると、野菜から十分なうまみが出るので、肉は少なめでも大丈夫です。5㎝幅に切ります。

≫こんにゃく

これが入るとぐっと豚汁らしさが出る食材。½枚をスプーンでひっぱるようにちぎります。手でちぎってもかまいません。こうすると、味がしみ込みやすくなるし、舌ざわりがランダムになって楽しいんです。

日曜豚汁 その②

豚汁づくりのキモ！しっかり炒める

具材を炒めることで、野菜の水分を飛ばして、うまみと甘みを引き出すのが、豚汁をおいしくつくる最大のコツ。鍋にごま油大さじ½を熱して、大根、にんじん、ごぼうを入れ、中火で炒めはじめます。

このとき大根の表面をよく観察しましょう。大根は白いので、炒めていると縁が半透明になってくるのがわかります。しっかりと炒めることによって雑味が消え、野菜それぞれのうまみや甘みが際立ちます。もし焦げつきそうになったら、少し水を加えれば大丈夫です。

こんにゃくを先に入れてしまうと、水分が出てしまって炒めにくくなります。野菜をしっかりと炒めてから、肉とこんにゃくを加えて、肉の色が変わるまで炒め合わせます。

日曜豚汁 その③

みそを分けて加えて じっくり味を しみ込ませる

豚汁は具だくさんのみそ汁と思っていませんか? 実はちょっと違うんです。どちらかといえば、みそ味の煮込みに近いもの。みそ汁の場合は、みそを最後に入れるのが基本ですが、豚汁は半分を先に入れて味をなじませ、最後に残り半分で風味を添えます。

水1ℓを加え、沸いたら火を落としてから、みその半量、大さじ1½〜2を加えて、ゆっくりと弱火で煮込みます。ふたはぴったりせず、少しずらしておきましょう。鍋の中が熱くなりすぎると、ボコボコ沸いてしまい、具がぶつかって煮くずれます。

15分ぐらい煮たら、煮えやすい里芋を入れ、7〜8分煮ます。里芋が柔らかくなったところで最後に長ねぎを入れて2〜3分。野菜の煮込みは完了です。

日曜豚汁 その④

みそを加えて、出来上がり。すぐに食べてもいいけれど…

残りのみそ大さじ2を溶きながら加えたら、風味際立つ豚汁の出来上がり。待ちきれない！　すぐに食べたい！となりますが、ここでもし時間があったら、できたものを一度冷ましてから再度煮返してみてください。具材同士が一体化し、味もぐっとなじんで、これこれ！という味になるはずです。

一夜明け、2日目の豚汁は、具が汁を吸って、汁が少なくなっています。少し水を足して煮返しましょう。具がしっかり味を吸っているので、味が薄く感じられることはないと思います。

Q　みそ汁椀だと なんだか 物足りません

A　豚汁椀を おすすめします

具だくさんの豚汁は、みそ汁椀よりワンサイズ大きい器にたっぷり盛り付けるとおいしさも格別。そこでおすすめなのが豚汁椀です。とはいえ、豚汁椀という名前のお椀がある

わけではありません。

和食器は「寸」でサイズが決まっていて、1寸＝3・03㎝。みそ汁椀は直径が4寸、麺類を食べるような大ぶりの丼が6寸です。豚汁に最も適しているのは、その中間の5寸サイズ。小丼サイズの器です。これなら豚汁をたっぷり盛り付けて、こころゆくまで楽しめます。

この豚汁椀、ひとつ持っていると豚汁はもちろん、けんちん汁や具だくさんのみそ汁、軽めの小丼、半玉分のうどんやにゅうめんと、使い道が実にたくさん。とても便利なサイズなのです。

素材は木のお椀でも、瀬戸物の茶碗や丼でも。ぜひ、自分だけのマイ豚汁椀を探してみてください。

豚汁 Index

［野菜で選ぶ］

春においしくなる野菜で

夏においしくなる野菜で

一年中出回る材料で

秋においしくなる野菜で

冬においしくなる野菜で

［調理で選ぶ］

炒める豚汁

煮る豚汁

[その日の気分で選ぶ]

なんにもしたくない日には

腹ペコな日には

蒸す豚汁

［その日の気分で選ぶ］

家飲みの日は

朝パンの日は

今日は腕まくりの日は

ライトなランチにしたい日は

深夜のひとり飯のときは

おわりに

「豚汁」と書いて「とんじる」と読むか、「ぶたじる」と読むか。あなたは、どちら? 北海道や九州では「ぶたじる」と読む人が多いそうです。私は昔は「ぶたじる」、いつからかは覚えていませんが、今は「とんじる」と読むようになりました。そういえば私の母も九州の人。でも私が住んでいた東京では「とんじる」が多いから、だんだんそうなったのかもしれません。

　こんなふうに読み方ひとつでも盛り上がれる、国民食といってもいい存在。あなたにとって豚汁はどんな料理ですか?と聞いてみました。

- 汁物とおかずが合体して最強!
- 具がゴロゴロ、満足感がある。
- 家族みんな大好き。
- これさえあれば、という安心感。
- 豚汁の湯気に幸せを感じます。
- これをつくれば夕飯は安泰!

　いろいろな豚汁があっても、やっぱり自分の家の豚汁が一番、と心の中で思っているのは、私だけではないはずです。

　どんな家にも幸せでほっとする食卓を運んでくれる、豚汁がそんな存在であり続けるといいなと願っています。

2021年4月　有賀　薫

デザイン
野澤享子(Permanent Yellow Orange)

撮影
加藤新作

校正
安久都淳子

調理協力
山口祐加、今井真実

DTP制作
天龍社

編集・スタイリング
神吉佳奈子

撮影協力
喜八工房(株式会社酢谷)
石川県加賀市山中温泉塚谷町イ323
TEL 0761-78-0048
https://kihachiweb.official.ec/

有賀薫 **ありが・かおる**

スープ作家。家族の朝食にスープをつくり始めたことをきっかけにスープづくりをSNSで発信。2011年から毎日更新しているシンプルなスープレシピが人気を集め、雑誌やテレビ、ラジオ、トークイベントなどで幅広く活躍。スープを通して、つくる人と食べる人ともに幸せになる食卓を提案している。著書に『スープ・レッスン』(プレジデント社)、『なんにも考えたくない日は スープかけごはん で、いいんじゃない？』(ライツ社)など。2018年に『帰り遅いけどこんなスープなら作れそう』(文響社)が、2020年に『朝10分でできる スープ弁当』(マガジンハウス)が、それぞれ料理レシピ本大賞入賞。

X(旧ツイッター)　@kaorun6
インスタグラム　arigakaoru

野菜一品からつくる50のレシピ
有賀薫の 豚汁レボリューション

2021年4月20日　第1刷発行
2023年11月10日　第6刷発行

著　者　有賀 薫
発行者　木下春雄
発行所　一般社団法人　家の光協会
〒162-8448　東京都新宿区市谷船河原町11
電話　03-3266-9029(販売)
03-3266-9028(編集)
振替　00150-1-4724
印刷・製本　図書印刷株式会社

ISBN978-4-259-56686-9 C0077